RÉPONSE

AU

LIBELLE DE M. DE CHATEAUBRIAND.

SE TROUVE A PARIS,

Chez
- LENORMANT, *Impr.-Libr.*, rue de Seine, n° 8, F. S. G.
- PILLET, *Impr.-Libr.*, rue Christine, n° 5.
- DELAUNAY, *Libr.*, galeries du Palais-Royal.
- ÉMERY, *Libr.*, rue Mazarine, n° 30.
- PLANCHET, rue Serpente, n° 14.

RÉPONSE

AU LIBELLE DE M. DE CHATEAUBRIAND INTITULÉ :

DES BOURBONS

ET

DE BUONAPARTE.

Par P. F. Guyon.

A ORLÉANS,

DE L'IMPRIMERIE DE HUET-PERDOUX.

1815.

A Son Excellence Monseigneur le Comte Carnot, Ministre de l'Intérieur.

Monseigneur,

Un auteur qui a lancé le venin de la calomnie contre le Héros qui fait notre gloire, et dont l'ouvrage a eu pour but de persuader au Peuple français que son bonheur exigeait l'abnégation de toutes les idées libérales et le sacrifice des conquêtes faites, depuis 25 ans, sur le despotisme, m'a paru trop dangereux pour n'avoir pas senti le besoin de le réfuter.

C'est au constant et courageux défenseur de nos droits que je désire faire hommage de mon travail, et je serai très-heureux, Monseigneur, si votre Excell.ce daignait l'agréer.

Né dans la province qui vous compte, avec orgueil, parmi les hommes qui l'ont illustrée, je prends la liberté, Monseigneur, de m'en faire un titre à votre intérêt.

Je suis avec un profond respect,

Monseigneur,

De votre Excellence,

Le très-humble et très-obéissant Serviteur,

Guyon.

Le 8 avril 1815.

AVANT-PROPOS.

L'idée de réfuter l'ouvrage de M. de Chateaubriand ne m'a point été suggérée par les circonstances ; ce fut un désir né de l'indignation à l'instant même où je lus ce libelle, aussi révoltant par la mauvaise foi qui y règne, que par la lâcheté avec laquelle l'auteur osa insulter à l'héroïsme vaincu, ou plutôt, cédant à la force combinée des armes et de la trahison.

Malheur aux gouvernemens qui ont besoin de recourir à la plume vénale d'écrivains qui prostituent leurs talens à l'injure et à la calomnie ! Une bonne cause n'a pas besoin de moyens odieux pour prévaloir, la raison parle et la justice prononce.

Je n'ai donc point été effrayé d'entrer en lice contre un auteur d'une grande renommée dans les lettres. J'ai pensé que la force de la vérité suffirait pour dissiper les prestiges d'une brillante imagination, et que la naïve exposition des faits détruirait l'impression momentanée qu'aurait pu produire, sur des esprits crédules, le mensonge revêtu de toute la pompe oratoire.

Cependant je n'ai été certain d'avoir réussi dans mon entreprise que lorsque Son Excellence le Ministre de l'Intérieur a daigné en agréer l'hommage, et m'honorer d'une lettre d'approbation.

RÉPONSE

AU

LIBELLE DE M. DE CHATEAUBRIAND.

Ce n'est point *au bruit du canon* que je commence mon ouvrage, et j'espère bien ne point le publier *sur la brèche* (1). Une révolution va s'opérer, elle sera prompte comme l'éclair, douce et bienfaisante comme la rosée du printemps. Ce ne sont plus des princes presqu'inconnus de la génération actuelle, suivis de ministres qui, depuis vingt ans, ont soufflé dans tous les cabinets de l'Europe le vent de la discorde, éveillé et animé leur haine contre la France ; ce ne sont plus des princes qui mettent

---

(1) Expressions de M. de Chateaubriand, pag. 6 de la préface, 2.º édition de son libelle.

leur gloire et leur appui dans ces Français qui renoncèrent à la patrie pour venir la déchirer; ce ne sont plus des princes précédés par des troupes étrangères qui outragent la pudeur, dévastent nos campagnes, et qui, au milieu des flammes, livrent nos cités au pillage : un homme, un homme seul opérera cette grande œuvre. Fort de sa gloire, du souvenir de ses bienfaits, confiant dans l'amour et la justice des Français, portant dans son cœur le noble gage de la fidélité et du dévouement de ses anciens compagnons d'armes, il arrive, les peuples le reconnaissent, ses braves volent à lui, et des Français l'entourent et le proclament.

DES BOURBONS.

En vain les Bourbons voudraient disputer un trône qu'ils tiennent de la force étrangère, dont ils ont voulu s'emparer par droit d'héritage; comme si ce droit, ne fût-il pas chimérique, n'avait point été prescrit, comme si la libre volonté du peuple français, qui l'a donné à Napoléon, ne les en avait pas dépouillés.

M. de Chateaubriand vante une race qui a compté trente-trois monarques, parmi lesquels, dit-il, on ne trouve qu'*un seul tyran ;* il prétend que l'antiquité n'eût pas manqué de l'appeler *divine* (1). Le cadre dans lequel je suis obligé de me restreindre m'empêche de puiser dans l'histoire le démenti d'une opinion aussi ridicule. Mais qui ne sait qu'à très-peu d'exceptions près, cette prétendue *race divine* ne nous a donné que des rois ignorans, fanatiques, fainéans, voluptueux ou despotes? Et c'est la succession presque non interrompue de princes de cette espèce qui constituerait les droits de Louis, et les ferait prévaloir sur ceux dont nous avons investi Napoléon!......

Non-seulement Louis nous a été ramené par la force, mais il a annoncé son retour par l'acte du despotisme le plus révoltant, le plus humiliant pour la France. Les rois étrangers,

---

(1) Page 58 du libelle.

au milieu de leurs triomphes, au sein de la capitale, affectèrent de la grandeur d'ame et usèrent d'une sage politique en déclarant qu'ils n'étaient point venus conquérir la France ; et ils nous donnèrent une grande marque d'estime en nous invitant à délibérer librement sur la forme de notre gouvernement. Une constitution fut dressée, elle fut présentée à Louis avant qu'il n'arrivât dans nos murs, et cette constitution fut déchirée !.... et le despote, comme par grace, la remplaça par une charte émanée de sa seule volonté, et à laquelle on eut la faiblesse (1) de se soumettre. D'ailleurs cette charte, attentatoire à la dignité du peuple, et présent de la politique du despote, ne devait pas exister long-temps ; Louis avait prétendu avoir le droit de nous la donner pour se réserver celui de nous en priver.

Il est vrai que la première constitution, ouvrage de la précipitation, délibérée au milieu des passions et des troubles, offerte par des traîtres à des ambitieux dont ils voulaient grossir

---

(1) J'aurais pu me servir d'une expression plus forte.

leur parti, ne valait pas mieux que la charté, et ne pouvait convenir ni au peuple ni au roi. Mais s'il fallait la rectifier ou en établir une autre, c'était le droit de la nation, c'était à ses représentans à l'exercer, et Louis avait à l'accepter, et à se trouver heureux de régner par le vœu de la France. C'eût été alors qu'il eût pu parler de ses droits, qu'il eût pu les soutenir, et qu'aujourd'hui il pourrait appeler les Français à défendre leur ouvrage.

Des principes aussi sages, d'une bonne et saine politique, n'étaient point dans le cœur du roi. Il nous a regardé non comme les auteurs de son avènement, non comme les défenseurs de son trône, mais comme sa propriété. Dèslors nous avons protesté contre son usurpation, et présentement nous ne combattrons pas pour prouver à l'Europe que nous reconnaissons être nés les *esclaves* de la famille des Bourbons.

On nous a fait un pompeux étalage des lumières et des vertus de Louis. Je veux croire que ces éloges exagérés ne blessaient pas entièrement la vérité ; mais je ne vois, ni dans son administration, ni dans sa conduite, la preuve de ces assertions; et à quoi servent des lumières qui, semblables à la lampe des sépulcres, ne jettent qu'une lueur pâle et sinistre, et ne peuvent percer l'enceinte qui les renferme? A quoi reconnaître des vertus qui restent inactives et ne produisent aucun germe de prospérité? Si Louis avait eu des vues sages et de bonnes intentions, il se serait occupé de notre bonheur; il aurait eu soin de s'entourer de son peuple; il n'aurait point composé sa cour de transfuges qui, depuis si long-temps, ont renoncé à la patrie et en ont été les plus cruels ennemis; il n'aurait point exposé à leurs insultes les braves qui ont si souvent versé leur sang au champ de la gloire (1); il aurait puni l'insolence des uns, et appris aux autres que le seul moyen de recouvrer le

---

(1) Un jour un général, privé d'un de ses membres, et couvert d'honorables blessures, se présente aux Tuileries : « Quand serons-nous donc débarrassés de » la vue de *gens-là*? » s'écrie un de ceux que Louis a ramené avec lui, et qui composent sa cour.

beau titre de Français était de prendre pour modèles nos illustres guerriers, de briguer l'honneur d'être admis dans leurs rangs, et de se purifier, en quelque sorte, au sein de la loyauté, de la fidélité et de l'héroïsme.

Mais de quels pinceaux me servirai-je, quand je voudrai tracer l'odieuse et criminelle ingratitude dont on a payé la vieille garde? Ces braves, que tous les soldats français voyaient avec orgueil comme des frères aînés qui les avaient précédés dans la brillante carrière qu'ils parcouraient; ces braves qui ont si puissamment concouru à sauver l'honneur de la France; ces braves dont la vue seule nous fit oublier un instant nos malheurs, que nous serrions dans nos bras avec attendrissement, que nous étions si heureux de posséder encore après tant de pertes déchirantes; ces braves que la capitale entière proclama les héros de l'Europe en présence des nombreuses légions de nos ennemis; ces braves enfin qui, toujours invincibles, qui accoutumés à ne jamais compter le nombre de leurs adversaires ont eu le privilége de les faire trembler au milieu de leurs triomphes, et dont l'influence a plus contribué à nous conserver une patrie que la prétendue magnanimité des alliés : loin de les récompenser, loin de les placer au poste d'honneur, loin de les laisser jouir, au sein de la capitale, du repos dont ils avaient tant besoin, de l'admiration et de l'amour de leurs concitoyens qui leur étaient si précieux, on en a licencié un grand nombre, on a banni les autres, on les a dispersés. Ces corps habitués à se voir, à réunir leurs trophées, à se communiquer, à s'entretenir de souvenirs si chers et si glorieux, ont été séparés et relégués comme des proscrits, comme des ennemis du repos public, dans des places lointaines, et leur solde a été réduite de plus d'un tiers.

Cette atroce injustice, cet affront aux armes françaises ne parurent pas suffisans, on imagina un dernier outrage ; ce fut la création des gardes du corps. Le premier titre pour être admis dans leurs rangs fut de prouver qu'on avait émigré, c'est-à-dire que l'on avait été l'ennemi de son pays ; on n'y reçut ensuite que les nobles et ceux qui montraient un fanatisme aveugle pour le nouveau gouvernement.

C'est alors que tout militaire ne put passer sans frémir, et tout citoyen sans indignation, devant la caserne des braves (1), caserne qui avait porté le nom d'un prince si renommé par sa bravoure, ses talens et sa loyauté, et où maintenant on lit, en caractères d'or : *Hôtel des Gardes du Corps.* Ces chambres, occupées naguères par des guerriers, ces corridors qui retentirent si souvent des chants de la victoire, ces murs où pendaient les armes triomphantes, sont profanés, et le génie de la gloire s'échappe en gémissant du palais qu'il s'était choisi.

La légion d'honneur fut conservée. La timidité, plus que le devoir et la justice, présida à cette détermination. Aussi l'on chercha par tous les moyens possibles à ternir l'éclat si brillant dont elle blessait des yeux ennemis et

---

(1) La caserne du prince Eugène, occupée jusqu'alors par la garde impériale.

jaloux. On s'empressa de faire des promotions de chevaliers de Saint-Louis : cette faveur fut réservée aux émigrés, et l'on affecta de n'y admettre, parmi les Français, que les généraux ou officiers d'un grade très-supérieur, croyant prouver par-là que cet ordre était beaucoup plus élevé que celui de la Légion. Cependant on ne tarda pas à reconnaître que l'opinion faisait justice de cette misérable et coupable manœuvre, et que le brave décoré sur le champ de bataille, ou pour un service rendu à l'État, conservait seul la considération et la reconnaissance publiques. On multiplia alors, sans mesure ni discernement, les distributions des croix de la Légion, afin de les faire tomber en discrédit, et de les assimiler, en quelque sorte, à cette bizarre et risible institution de l'ordre du Lys; et pour avoir plus de latitude à cet égard, on eut la *précaution* de supprimer la pension qui y était attachée.

En conservant la Légion d'honneur, Louis avait fait si réellement un acte forcé et contraire à ses vues, il avait été si peu sensible aux droits et à la gloire de ses membres, il était si peu disposé à confirmer les récompenses que les chevaliers avaient gagnées au prix de leur sang, ou par des veilles laborieuses et des travaux utiles, qu'il supprima les autres ordres, et que ceux qui en avaient été décorés par des motifs aussi honorables que leurs frères d'armes ou leurs collègues, se trouvèrent tout-à-coup privés des avantages attachés à l'ordre dont ils étaient membres, sans qu'on songeât à les dédommager et à réparer une injustice si criante.

Une autre concession de la politique de Louis, et qui lui fut aussi pénible, ce fut la confirmation de la vente des biens nationaux. Mais cette concession, arrachée par la nécessité, précédée et suivie d'explications équivoques ou de réticences alarmantes, n'était point une garantie pour les acquéreurs de ces biens. Les émigrés affichèrent leurs prétentions et leurs espérances; des écrits et mémoires, dans lesquels ils les établissaient avec arrogance, furent imprimés, et on en laissa la circulation libre; ce ne fut que lorsque des plaintes eurent retenti jusques dans la salle des députés que le gouvernement ordonna, pour la forme, l'arrestation des auteurs et imprimeurs, qui furent mis en liberté quelques jours après, sans que cette affaire ait eu d'autre suite.

Il est évident que l'on avait voulu sonder l'opinion publique, et que si l'on ne s'était apperçu qu'il ne pouvait résulter d'une pareille tentative qu'un bouleversement général, et peut-être la guerre civile, on n'eût pas hésité à fausser la parole que l'on avait donné de consolider la vente des biens nationaux (1). Cet espoir déçu, on imagina d'autres moyens pour parvenir à satisfaire les prétentions des émigrés, car à quelque prix que ce fût, Louis voulait les enrichir.

Deux hommes dévoués à la cour plaidèrent

---

(1) Cependant les émigrés n'avaient pas renoncé au projet de spoliation envers les acquéreurs de biens nationaux. Plusieurs de ces derniers ayant offert de rendre les biens en se contentant du remboursement pur et simple du prix de la première vente, ont été refusés, sous le prétexte qu'on voulait courir la chance d'une *justice entière*, que les circonstances actuelles permettaient d'espérer.

cette cause dans la chambre des Pairs et dans celle des Députés. Sans l'arrivée de Napoléon, les Bourbons, dont le retour nous a coûté si cher, allaient nous imposer une nouvelle charge, et la France, déjà courbée sous le poids des impôts et d'une dette immense, aurait été obligée de contribuer pour établir des dotations aux émigrés. Le malheureux qui, ne pouvant acquitter sa contribution, aurait vu vendre son mobilier, ne se serait pas douté, ou plutôt aurait su, pour accroître son désespoir, qu'il était réduit à quitter sa paisible chaumière, à vivre errant avec sa famille infortunée, et à réclamer les secours de la charité publique, parce qu'on aurait voulu rendre l'opulence à nos plus mortels ennemis, à ceux dont l'orgueil vient déjà nous insulter, et réclamer insolemment des honneurs et des prérogatives (1).

---

(1) On peut se rappeler la plainte portée à la chambre des Députés par M. le maire de...... contre un ci-devant seigneur de son village, pour une scène scandaleuse que ce dernier osa faire à l'église pendant le service divin.

Rien ne devait nous étonner de la part d'un roi qui s'était annoncé, dès son entrée, par un acte de despotisme, qui n'était entouré et conseillé que par des hommes réprouvés de la patrie, et qui depuis si long-temps nous menaçaient d'un retour suivi de la plus terrible vengeance. On n'osa pas l'exercer, cette vengeance, mais on nous fit sentir qu'on nous avait accordé notre grace, on proclama la clémence du roi, et si nous osions faire entendre de faibles murmures nous étions traités de séditieux, jugés dignes et menacés d'un châtiment exemplaire.

Le même motif qui avait forcé la conservation de la légion d'honneur, avait déterminé Louis à consacrer la nouvelle noblesse; mais il eut grand soin d'annoncer en même temps le rétablissement de l'ancienne, pour laquelle seule il réservait tout son intérêt. Cette noblesse qu'un pareil arrangement ne satisfaisait pas entièrement s'en consola en affectant de mépriser celle qu'elle aurait voulu détruire, et de s'en tenir séparée dans ses rapports politiques et privés, comme elle l'était dans le cœur du roi. Ainsi l'on eut dans l'état quatre corps distincts ; composition aussi nouvelle que monstrueuse, et de laquelle il ne pouvait résulter que des fermens de discorde et de troubles. L'opinion publique était encore là pour en faire justice. Ce n'était point en vain que les Français avaient éprouvé les secousses violentes de la révolution, supporté toutes ses calamités, avaient fait tous les sacrifices pour la liberté, pour la suppression de la féodalité, pour l'égalité des droits entre les citoyens. Toutes ces conquêtes acquises au prix de leur sang et de leur fortune, ils ne les avaient point abdiquées, ils n'étaient point disposés à en faire hommage à messieurs les émigrés ou à leurs adhérens. La philosophie avait frappé d'un coup mortel l'ancienne noblesse, et cette même philosophie devait défendre la nouvelle, qui était son ouvrage.

En effet, la justice et le bon sens, qui sont les élémens de la philosophie, nous empêchent d'accorder la moindre considération à un ancien noble qui ne doit son élévation qu'à la faveur ou à l'argent dont ses pères ont acheté des lettres de noblesse (1), vil et odieux commerce inventé par des princes de la famille des Bourbons. Mais la philosophie nous permet, que dis-je? elle nous commande de payer un juste tribut d'égards, de respect et d'admiration à l'homme que sa bravoure, ses talens ont rendu utile à la patrie et au prince. Ce tribut n'est point forcé, il part du cœur; la basse jalousie ne cherche point à l'entraver, c'est la récompense nationale, comme les honneurs du triomphe chez le peuple Romain. En un mot, le philosophe s'arrête devant nos respectables et modestes guerriers, les salue, les honore, mais il dédaigne le noble de l'ancien gouvernement, si toutefois il l'aperçoit.

Autant le roi montrait de sollicitude pour

---

(1) On conçoit que lorsque j'avance qu'un ancien noble ne mérite point de jouir de notre considération, je veux dire *à titre de noblesse seulement;* car il en existe beaucoup, et j'en ai connu qui, par leur conduite et leurs vertus, avaient des droits réels à notre estime, et souvent à notre vénération.

les nobles et les émigrés, autant il était indifférent sur le sort du peuple, autant sa misère, parvenue au dernier degré, le touchait peu. A peine sur le sol de la France, les princes firent les plus brillantes promesses, aucune n'a eu son exécution. Quel avait été leur but? de nous tromper, de nous entraîner à la défection, de profiter de notre accablement présent pour nous présenter la séduction de réformes avantageuses et d'un avenir heureux et tranquille. C'est ainsi qu'on proclama, avec emphase, la prochaine abolition des droits-réunis. Cet impôt utile à l'État, qui concordait avec un bon système de finance, péchait par des formes révoltantes, par des moyens d'exécution vexatoires; il fallait promettre, non sa suppression qu'on ne voulait point opérer, mais de nombreux changemens, de grandes modifications, et il fallait tenir parole (1).

---

(1) Depuis que ceci a été écrit, Napoléon est remonté sur le trône, et sans avoir rien promis, il a rempli les vœux du peuple.

Bientôt des commissaires royaux parcoururent les départemens ; ils semblaient être envoyés pour recueillir les plaintes, connaître les abus, s'assurer des calamités qui avaient pesé, et qui pesaient encore sur nos provinces. Ils eurent tous, ou presque tous, des tableaux déchirans à mettre sous les yeux du roi ; et l'espérance, qui avait suspendu les douleurs, fut encore cruellement trompée. Enfin, à la honte de ce gouvernement, les malheureux habitans des villes incendiées et des campagnes ravagées étaient restés sans secours. Ils en ont reçu depuis peu ; est-ce du roi ? est-ce des princes de sa famille ? Non. Des comédiens et des chanteuses ont consacré le produit de leurs talens à l'humanité. Ceux auxquels le fanatisme a refusé, tout nouvellement encore, les honneurs de la sépulture, ont été des premiers à donner l'exemple de la charité, la plus grande vertu du christianisme (1).

Non-seulement dans son insouciance crimi-

---

(1) Infortunés habitans ! Napoléon est arrivé ; vous connaissez son cœur, comptez sur sa munificence.

nelle, ou sa cruelle insensibilité, le gouvernement ne fit aucun sacrifice pour fermer des plaies si profondes et si douloureuses, mais il n'eut pas honte de solliciter, de mendier l'abandon de ce qui était dû aux pauvres cultivateurs auxquels les réquisitions avaient enlevé les grains, les fourrages que n'avaient point consommé ou brûlé les troupes alliées sur leur passage.

On trouva encore un moyen de se procurer de l'argent, ce fut de provoquer des souscriptions pour élever plusieurs monumens. Si encore ces souscriptions avaient eu pour but la gloire de nos armées, les honneurs à rendre aux braves morts sur le champ de bataille, un motif si noble, si conforme au caractère national, nous les aurait fait approuver, nous y aurions répondu avec enthousiasme, nos cœurs auraient été satisfaits. Mais non ; qu'importait aux Bourbons l'illustration de nos armes, nos triomphes passés ? Loin de là ; ils les avaient maudits longtemps, et leur souvenir les importunait.

Ces monumens étrangers à nos pensées, à nos sensations présentes, aux évènemens dont nous avions été les témoins, et auxquels nos frères, nos enfans avaient concouru si honorablement, ces monumens étaient destinés à leur orgueil. N'osant encore se les appliquer personnellement, ils les consacraient aux princes de leur sang. Henri IV, le seul de leurs ancêtres dont ils pouvaient invoquer le nom avec quelques succès, et auquel ils ressemblent si peu, fut le premier dont ils songèrent à relever les statues. Comme si dans le siècle le plus fécond en dévouement, en héroïsme, il fallait remonter vers le passé pour trouver à qui adresser nos hommages et nos tribus (1).

Les Bourbons ne s'occupaient donc que d'eux-mêmes ou de leurs amis, le Peuple français n'était rien pour eux; aucun genre de malheurs ne pouvait les toucher. S'ils n'ont point renvoyé les officiers, en non activité, sans leur donner des pensions ou la demi-solde, ce n'a point été par justice, mais par crainte; s'ils l'avaient osé, ils

---

(1) Le respect qu'on doit aux morts m'a empêché de parler d'un autre monument qui aurait été la honte de la France. Il était destiné *aux victimes* de Quiberon.

les auraient abandonnés sans leur accorder le moindre secours. Cette assertion est forte, mais elle est vraie. Oseraient-ils la démentir ? ceux qui ont exposé aux horreurs de la plus profonde misère les employés de toutes les administrations, à tel point qu'un grand nombre se sont suicidés.

J'en ai vu qui, sollicitant en vain des secours du gouvernement, et même le paiement de ce qui leur était dû, étaient réduits à mendier et à coucher au milieu des champs et des promenades publiques, avant de se livrer au dernier acte du désespoir. Pourquoi ces malheureux ne se ressentaient-ils point de la munificence du gouvernement ? Par ce qu'on ne les craignait point. Cependant sans compter l'humanité qui plaidait si fortement en leur faveur, un grand nombre d'entr'eux avaient rendu des services essentiels, soit dans l'administration des hopitaux, soit dans celle des vivres, et plus particulièrement encore dans celle des douanes, qui, organisée militairement, compte des traits dont nos guerriers s'honoreraient. Ces infortunés étaient d'autant plus dignes de l'attention du gouvernement que, la plupart pères de famille, ils avaient laissé leurs femmes et leurs enfans en proie aux horreurs de la misère pendant qu'ils allaient exposer leur vie, que lorsqu'ils purent rejoindre leurs familles infortunées, ce fut pour entendre le récit déchirant des fatigues, des dangers et des malheurs de toute espèce qui les avaient accablées ; ce fut pour apprendre la perte de tout ce qu'ils avaient possédé, ce fut enfin pour se trouver dans un tel dénuement, un tel abandon qu'il ne leur restait, en quelque sorte, qu'à se livrer au brigandage ou à se donner la mort (1).

Est-ce un gouvernement réparateur ? celui qui avait tant de pleurs à sécher, tant de plaies à cicatriser, tant de bienfaits à répandre, et qui,

---

(1) Ce qui doit ajouter au sentiment d'indignation que fait naître un tel excès d'inhumanité, c'est de savoir que presque toutes les administrations avaient des caisses de retraites dont les fonds provenaient d'une retenue mensuelle sur les appointemens des employés, qui par-conséquent étaient leur propriété, et auraient dû servir à leur donner des secours.

depuis son installation, n'a fait que demander des impôts, n'a accordé de graces qu'à des gens qui nous sont inconnus et étrangers, ou à ceux que sa politique lui commandait d'attacher à sa cause par des caresses, des honneurs et des emplois.

Ils le savent bien ceux auxquels la trahison n'a pas donné des droits honteux aux bienfaits du gouvernement des Bourbons, ceux qui n'ont pas vendu leur gloire et leur honneur ; ils savent tous que leur présence est importune, et qu'on attend avec impatience l'instant où l'on pourra, sans danger, braver entièrement l'opinion publique pour les exiler et les couvrir de mépris et d'insultes. Ils ont été exempts des proscriptions ceux qui se trouvaient à la tête de leurs légions, mais malheur à ceux qui étaient isolés, ou qui, cédant à l'empire des circonstances, en ont abandonné le commandement ; à ceux surtout dont le crime irrémissible a été de marcher trop long-temps sous les bannières de la fidélité et de l'honneur ! C'est ainsi, brave Davoust, que tu rentras dans ta patrie, dans cette patrie qui s'enorgueillit de ton héroïsme, pour y être abreuvé d'humiliations, être accusé de dilapidations, et ensuite condamné à l'exil. Mais plus grand dans cet exil que prosterné au pied d'un trône odieux, ton ame se nourrissait de souvenirs et d'espérances, et tu bravais les tyrans.

Combien de reproches légitimes n'ai-je point déjà adressés aux Bourbons ! et cependant je suis loin d'avoir épuisé la matière. De quel côté que je jette mes regards, je ne vois qu'oubli des premiers devoirs, ou injustices révoltantes, ou mesures tyranniques. Je mettrai dans cette dernière classe l'ordonnance sur l'observation des fêtes et dimanches, fruit d'un aveugle fanatisme ; ordonnance qui excita la juste indignation du Peuple de Paris, dont elle paralysait le commerce, dont elle troublait les innocens plaisirs. Il semblait qu'on voulait empêcher ce pauvre peuple de se distraire de ses malheurs : après lui avoir tout enlevé, on voulait même le priver de sa gaîté, cet heureux don de la nature qui lui fait oublier ses maux, ou qui du moins les adoucit toujours. C'était le premier résultat du *bigotisme*, et de l'empire des prêtres sur le roi. On avait satisfait leur ambition, on avait proclamé le retour de leur influence, on se souciait fort peu, d'ailleurs, que l'industrie et le commerce en souffrissent. Cependant on nous l'avait promis, le commerce; la dynastie des Bourbons s'était chargée de nous ouvrir toutes les sources de prospérités. Qu'est-il arrivé? Un an s'est écoulé, et nos ports ne sont point fréquentés, nos manufactures se sont fermées, nos ouvriers restent sans travail, le numéraire est enfoui et la confiance anéantie.

Occupés de plaisirs et de fêtes, on ne songeait point aux souffrances de la classe indigente; on croyait se dégager du devoir de continuer les travaux inspirés par le génie pour la perfection des arts et la gloire de la France, ces travaux qui assuraient l'existence de tant de milliers d'ouvriers, en cherchant à les représenter comme inutiles, gigantesques ou à charge à l'état. A peine si l'on continuait les travaux intérieurs du Louvre, qui bientôt n'aurait été qu'un monceau de ruines si le grand homme n'avait régné. Mais dans des journaux salariés on croit nous prouver que jamais monarque n'a jamais mieux gouverné que Louis ; on croit qu'en niant effrontément tout ce qui a été conçu, tout ce qui a été exécuté de grand sous Napoléon, on nous empêchera de nous apercevoir de l'oisiveté ou de l'insouciance de son successeur. Pour donner un seul exemple de l'impudence des écrivains aux gages du gouvernement, il suffit de rappeler un article du journal des Débats qui réduisait, pour les beaux-arts, toute la gloire de Buonaparte à avoir fait *gratter* le Louvre.

Est-ce par le mensonge, est-ce par une mauvaise foi aussi révoltante, est-ce, pour le dire en un mot, par des assertions ineptes et absurdes qu'on croit en imposer à une nation éclairée, chez laquelle le bon goût et la connaissance des arts sont si généralement répandus ? Qu'ils sont maladroits ceux qui s'imaginent servir ainsi la cause des Bourbons ! que de réflexions ils font naître ! que de comparaisons ils font établir ! que de souvenirs ils réveillent ! Ah ! ils serviraient bien mieux leurs maîtres en gardant le plus profond silence. C'est ainsi qu'après un triomphe qui n'était point leur ouvrage, et qui devait avoir si peu de durée, les Bourbons, dans l'ivresse de leur prospérité, et incapables de sentimens généreux, commandaient à ces mêmes écrivains d'accabler d'injures, de couvrir du venin de la calomnie celui que les efforts de l'Europe entière avaient eu tant de peines à abattre ; c'est ainsi que par leur ordre les plus odieuses caricatures se multiplièrent. Qu'arriva-t-il ? on gémit sur le sort du héros, on méprisa ses ennemis.

On avait bien voulu faire un lâche et criminel abus de la presse, mais on voulut nous en ôter la liberté. Un gouvernement injuste, déloyal, et qui tendait si visiblement à devenir oppresseur, à sacrifier la France entière aux intérêts d'une poignée de transfuges, sentait combien il importait à sa conservation de comprimer nos plaintes, d'arrêter l'élan du patriotisme, d'empêcher la communication des idées libérales, des sentimens généreux. Ce gouvernement qui préparait, de longues mains et avec perfidie, l'accomplissement de ses coupables projets, et qui voulait marcher sourdement au but qu'il s'était proposé, devait redouter qu'on n'éclairât ses démarches, qu'on ne dévoilât ses intentions, et que le peuple, connaissant enfin jusqu'à quel point on l'avait trompé, ne se livrât à une juste indignation.

Aussi nous fut-elle refusée cette liberté de la presse, ce *palladium* de la liberté civile. En vain quelques voix éloquentes firent entendre le langage de la vérité et de la raison ; en vain les deux chambres furent-elles en quelque sorte momentanément purifiées par l'opposition énergique de quelques-uns de leurs membres, les apôtres du despotisme l'emportèrent.

Dès-lors toutes les communications furent rompues, un voile épais s'étendit sur la France, le mensonge circula sans obstacle, et les couleurs brillantes de l'imposture purent fasciner les yeux de la multitude.

Cependant l'erreur a un terme. On peut surprendre la crédulité du peuple en lui annonçant la conservation de ses droits, le rétablissement du commerce, la continuation des travaux publics, la liberté des opinions religieuses, la diminution des impôts, des secours aux provinces ravagées par la guerre, etc., etc.; mais le peuple voit enfin qu'il n'est compté pour rien; il attend inutilement le retour du commerce; ses ateliers sont déserts, les manufactures fermées; les routes, les canaux, les édifices publics restent sans réparations, ceux qui ont été commencés ne s'achèvent point; les impôts, loin de diminuer, s'accroissent; les malheureux habitans des campagnes, où les ravages de la guerre ont détruit jusqu'aux instrumens aratoires, meurent de faim sur leurs terres incultes; le despotisme des prêtres est plus intolérant que jamais; l'ouvrier, à qui sa nombreuse famille demande à grands cris du pain, ne peut sans danger lui en procurer au prix de ses sueurs, le bruit de son maillet le trahirait. Et c'est ce qu'on appelle un gouvernement réparateur, un gouvernement paternel! Non, non; nous avons été trompés, nous ne le serons plus.

En vain voudrait-on nous vanter la paix dont nous jouissions. Quelle était cette paix, si non une convention honteuse, un marché par lequel les princes de la famille des Bourbons avaient acheté le trône en sacrifiant les intérêts de la France. En effet, peu sensibles à la gloire et à la prospérité de notre infortunée patrie, ils ne s'occupaient que d'eux; ils voulaient régner à quel prix que ce fût. Aussi le premier acte de leur autorité, et avant que rien ne fût conclu avec les puissances étrangères, fut de remettre entre leurs mains toutes les places fortes dont ils purent disposer. Ils livrèrent ainsi les destinées de la France, ils nous mirent ainsi à la discrétion de l'étranger, et proclamèrent par-là qu'ils étaient sans vocation parmi nous, que ce n'était point à nos vœux qu'ils devraient leur règne, mais à la force de nos ennemis, qu'ils s'empressaient d'accroître. Les alliés profitèrent de cet abandon, de ce défaut d'énergie et de prévoyance, et nous imposèrent des conditions qu'ils n'auraient point osé proposer à Napoléon, seul et sans armée, au milieu de son peuple. Son génie, sa fierté, son courage nous auraient conservé la barrière du Rhin : et ses vainqueurs se seraient empressé de la lui offrir, si nous n'avions pas eu le malheur d'être trahis, de nous trahir nous-mêmes pour des princes si peu dignes de nous appartenir.

On a beaucoup exalté l'avantage d'avoir recouvré nos colonies. En quoi consiste donc cet avantage? D'abord nous avons perdu les plus florissantes, et celles qui étaient les plus favorables et les plus utiles par leur position géographique ; ensuite, il n'est pas difficile de concevoir que celle de Saint-Domingue ne peut être qu'un présent funeste, qui deviendrait pour nous un gouffre où iraient s'engloutir des armées nombreuses, et qui nous occasionnerait les expéditions les plus dispendieuses. Mais je veux supposer, un instant, que nous en devinssions promptement les paisibles possesseurs, que cette colonie fût rendue à son ancien état de splendeur et rivalisât de prospérité avec celles dont nous sommes déjà entrés en possession, ne seront-elles pas, les unes et les autres, à la disposition de nos éternels et implacables ennemis, qui sur le plus léger prétexte viendront s'en emparer, parce que nous n'avons pas une marine pour les protéger ?

Sans une marine respectable, il ne faut point de colonies ; loin de les réclamer, il eût été sage de les abandonner pour des concessions continentales. Ceux qui nous les ont rendues peuvent nous les reprendre, et c'est un gage, pour ainsi dire, que nous avons mis entre leurs mains. Combien de fois n'avons-nous pas fait l'expérience de cette perfide politique du cabinet de Londres! C'est ainsi, par exemple, que peu de temps après la paix d'Amiens, et sans déclaration de guerre préalable, les Anglais s'emparèrent de nos vaisseaux et ruinèrent notre commerce. Puisse un nouvel exemple ne pas venir bientôt à l'appui de mon opinion !

Français, si vous vouliez des colonies, il fallait les attendre du temps, qui répare tout; il fallait assurer votre existence continentale, reprendre parmi les puissances de l'Europe le rang qui vous appartient, préparer vos moyens, r'ouvrir vos chantiers, les garnir de bois de construction, remplir vos arsenaux et vous créer des marins. C'est alors que vous auriez pu, avec succès, élever des prétentions, reconquérir votre ancien patrimoine et le faire respecter. De si brillans résultats sont loin de vous ; en abandonnant Napoléon, vous avez tout sacrifié. Cependant livrez-vous à l'espérance ; si vous ne pouvez retrouver tout ce que vous avez perdu, il est encore des sources de prospérité que le génie seul de notre Empereur peut vous ouvrir ; il arrive, les Bourbons disparaissent pour toujours, c'est le présage, c'est le commencement des plus heureuses destinées.

DE BUONAPARTE.

J'AI quitté précipitamment les Bourbons, parce que la rapidité de la marche de Napoléon, en le rapprochant de nous, m'a fait sentir plus vivement le besoin de parler du grand homme. J'avouerai d'ailleurs franchement, que si je ne pouvais aimer les Bourbons sur le trône, je ne me plais pas à les poursuivre dans l'infortune, et je sens qu'en renonçant de bonne foi à règner sur un peuple auquel ils ne peuvent plus convenir, ils auront des droits à notre indulgence. La révolution a rompu tous les liens qui existaient entre eux et nous, une barrière insurmontable nous sépare; que pénétrés de l'inutilité de leurs efforts pour rompre cette volonté nationale qui les repousse, ils consentent à vivre paisibles, et nous les oublierons, et Napoléon pardonnera leurs outrages. Que dis-je ? il les a déjà pardonnés; s'il avait voulu en tirer vengeance, aucun d'eux n'aurait pu s'y soustraire (1). Mais son grand cœur tout rempli d'amour pour son peuple n'offre point de place à la haine et aux viles passions. Il n'est occupé que de notre bonheur, et il ne veut tirer le glaive de la vengeance que contre ceux qui oseraient venir le troubler. Malheur à ces insensés, s'il en existe! La grande nation est rendue à sa dignité, à son

---

(1) Lorsque j'écrivais ceci, je ne prévoyais pas que la coupable folie d'un prince forcerait Napoléon à mettre en évidence la magnanimité de son ame, et qu'un de ceux qui avaient mis sa tête à prix recevrait de sa générosité la vie et la liberté.

énergie et à sa force, depuis que son auguste chef est au milieu d'elle.

Au moment où je pris la plume l'indignation la guidait ; je croyais de mon devoir de réfuter le libelle de M. de Chateaubriand, et je mettais un certain orgueil à être des premiers à foudroyer l'infâme calomnie. Une illusion flatteuse m'encourageait, je croyais me rendre utile en démasquant nos tyrans, je croyais servir la cause de la patrie en mettant au grand jour les iniquités du gouvernement des Bourbons, et la perspective d'un nouvel avenir. C'était au moment du débarquement de Napoléon ; on nous disait qu'il n'était accompagné que de quelques amis dévoués (1), et d'un petit nombre de serviteurs fidèles. C'est la seule fois qu'on nous ait dit la vérité, et nous n'en doutâmes pas un instant, parce que celui qui, à la tête de soixante mille hommes, l'élite des braves, en avait refusé le dévouement, et s'était déterminé à s'exiler

---

(1) Les rois n'eurent jamais d'amis : Napoléon a le secret d'en avoir, il sait aimer.

pour nous éviter les horreurs de la guerre civile, ne pouvait avoir changé de principes, et n'aurait pas voulu ternir la gloire d'un sacrifice aussi héroïque.

Il était donc vrai que notre Empereur chéri, notre souverain légitime, avait entendu nos vœux, et qu'il y répondait; mais avec la noble confiance d'une grande ame, il venait à nous pour nous sauver, sans autre défense que notre amour, et les plus grands dangers l'environnaient. N'était-il pas naturel de nous livrer à de justes inquiétudes? ne devions-nous pas trembler pour la vie de notre bienfaiteur? si nous ne pouvions pas encore nous ranger sous ses étendards, n'était-il pas de notre devoir de le servir en cherchant à éclairer le peuple, à le garantir de la séduction?

Heureusement les efforts de nos despotes ont été impuissans; rien n'a retardé la marche triomphale de Napoléon, il n'a point reconquis ses états, puisque ceux qui les avaient usurpés n'ont pu trouver des défenseurs; il n'a point eu besoin qu'on plaidât sa cause devant le peuple, parce que le peuple, à son aspect, a fait retentir les cris de son amour.

Français ! permettez à un de vos compatriotes de rendre hommage au grand caractère que vous venez de déployer, au touchant et mémorable exemple de fidélité et de reconnaissance que vous avez donné au monde. Les peuples étrangers, jaloux de votre gloire, cherchaient à la ternir en vous accusant de légèreté et d'inconstance ; désormais ils n'oseront plus vous calomnier, vous avez forcé leur admiration. Courbés momentanément sous le joug, vous avez renfermé vos pensées, vous avez attendu, dans le silence, l'instant de les faire éclater, et de prouver à l'univers que pour régner sur des Français il faut régner dans leurs cœurs.

Mais que dirai-je au petit nombre de ceux qui se sont isolés de la grande famille pour épouser la cause de nos ennemis ? Faut-il leur adresser des reproches ? faut-il les menacer d'une prompte vengeance ? faut-il les couvrir de ridicule en publiant qu'ils ont été dupes d'un gouvernement qui les flattait pour en faire des instrumens dociles qu'il se réservait de briser quand ils lui seraient devenus inutiles, et qu'il abandonne aujourd'hui sans s'inquiéter de leur sort, sans se rappeler même s'ils existent? Non, sans doute; il faut les plaindre, il faut désirer qu'un prompt repentir puisse les délivrer du plus terrible des châtimens, celui du mépris de leurs concitoyens; il faut sauver ces tristes victimes de la perfidie et de l'ingratitude des Bourbons. C'est pour eux particulièrement que je travaille, c'est pour eux que je continuerai à montrer la mauvaise foi de l'affreux libelle qui les a égarés. Napoléon n'a pas besoin de mes éloges, encore bien moins de justifications, le blasphême ne peut l'atteindre.

Vous donc, qui vous parez du nom de royalistes, qui affectez de placer votre orgueil à être associé au parti des Bourbons, je vous demanderai si, avant de faire cette profession de foi, vous avez bien pesé les raisons qui vous y déterminaient, et ensuite si vous avez été bien pénétrés des obligations que vous contractiez. Car il ne suffit pas de dire je suis de tel ou tel parti, il faut se rendre compte de ses motifs; il faut sonder ses dispositions intérieures, et s'assurer si l'on a une volonté bien prononcée et un dévouement à toute épreuve pour le parti qu'on a embrassé. C'est ainsi qu'un homme sage doit agir, c'est ainsi qu'il peut rendre des services ; autrement il devient un membre parasite et inutile, il compromet le salut du corps qui l'a reçu.

Non, s'écrieront tous les royalistes, nous ne nous sommes point attachés à Louis XVIII sans de puissans motifs, sans la ferme volonté de le défendre. Je consens à le croire si leur amour-propre l'exige absolument ; mais cette concession ne peut que les compromettre davantage : ils auraient eu moins à souffrir s'ils eussent avoués qu'ils se sont égarés en embrassant une cause injuste, qui leur était étrangère, et dans laquelle ils n'avaient aucun intérêt à espérer (1).

En effet, en les prenant pour ce qu'ils se donnent, pour *bons*, *francs* et *solides* royalistes, je leur demanderai ce qu'ils ont fait pour le Roi. Je

---

(1) On conçoit que je ne m'adresse ici qu'aux royalistes *plébéïens* ; les autres, je n'ai rien à leur dire.

les prierai de m'apprendre si quelques-uns d'entr'eux sont allés occuper les gorges des montagnes du Dauphiné, où une poignée d'hommes déterterminés peuvent arrêter une armée ; je leur demanderai s'ils ont couru se renfermer dans Grenoble, place forte et si essentielle à conserver à cause de sa position, et pour le dépôt d'artillerie qui s'y trouve ; je leur demanderai encore si, à Lyon, ils ont réuni tous leurs moyens, tous leurs efforts pour ralentir la marche de Napoléon, empêcher qu'un plus grand nombre de braves ne volassent sous ses étendards, et pour donner le temps à leurs amis de venir les joindre et les seconder. Combien d'autres questions ne suis-je pas en droit de leur faire, et ils ne pourront me répondre, et leur silence attestera qu'ils n'ont rempli aucune des obligations qu'ils avaient contractées ! Ils avaient promis d'être royalistes, ils ont arboré, avec enthousiasme, la cocarde blanche ; ils avaient promis d'être royalistes, la fleur de lys à la boutonnière ils ont prôné les Bourbons ; ils avaient promis d'être royalistes, ils ont déclamé contre l'Empereur; et voilà ce qu'ils ont fait, tout ce qu'ils ont fait pour les Bourbons. Ceux-ci les avaient trompés, ils l'ont été à leur tour, en cela il n'y a pas de mal ; mais que ces *bons royalistes* prennent donc franchement le parti de rire de leurs niaises et ridicules fanfaronnades, et que bientôt ils soient confondus parmi nous, et partagent notre bonheur.

Je reviens à mon sujet, c'est-à-dire que je vais suivre pas à pas M. de Chateaubriand. Son premier grief contre Buonaparte est de l'accuser des malheurs de la campagne de Moscow ; il ne manque pas de passer sous silence tous les faits glorieux, toutes les victoires éclatantes qui ont précédé l'événement affreux qui causa le deuil de la France, qui déchira le cœur de l'Empereur ; il ne manque pas de juger légèrement le plus grand capitaine du monde ; il ne manque pas sur-tout de le rendre responsable du fléau cruel qui vint fondre sur nous, comme si l'Empereur avait eu le don de commander aux élémens, comme si l'Empereur avait dû prévoir que les Russes embrâseraient leur capitale (1). Eh ! si ces reproches étaient fondés, qui aurait le droit de les faire, si ce n'est cette brave armée qui a supporté les désastres de cette funeste campagne, et qui ne compte plus dans ses rangs des milliers de braves que la rigueur d'une saison prématurée a moissonné. Cependant Napoléon n'a jamais cessé d'être regardé par ses soldats comme l'est un père par ses enfans. C'est l'armée qui, à Fontainebleau, voulait vaincre ou périr avec lui, c'est elle qui n'a jamais cessé de lui être dévouée; c'est elle qui, la première, a fait entendre ses vœux, c'est elle qui a volé à sa rencontre; c'est elle, enfin, qui fière d'être replacée sous ses aigles immortelles, se livre aujourd'hui aux transports de l'allégresse. Et vous feignez, écrivains perfides, de vous attendrir sur son sort; vous aviez la

---

(1) Qu'on se figure un instant une armée étrangère pénétrant en France, et dont la perte dépendrait de l'incendie de Paris, et je demande aux royalistes Parisiens s'il faudrait brûler notre capitale.

bonhommie de croire prendre à vos amorces grossières les soldats de Napoléon !

C'est dans les camps où l'on retrouve cette loyauté si rare aujourd'hui parmi nous. C'est-là qu'étrangers aux talens de la politique, c'est-là qu'inaccessibles aux efforts de l'intrigue, nos guerriers jugent les hommes par les choses, et ils sont assez éclairés pour que leur opinion ne dépende pas du bon ou du mauvais succès d'une entreprise.

D'ailleurs, s'il y avait eu des fautes dans les opérations de cette campagne, serait-ce un crime à reprocher à l'Empereur? les plus grands capitaines, anciens et modernes, en ont-ils été exempts (1) ?

On a accusé Napoléon d'une excessive ambition, depuis que la fortune a semblé l'aban-

---

(1) La rentrée des nombreux prisonniers que nous avions en Russie, nous a prouvé que nous avions perdu beaucoup moins d'hommes que nous ne l'avions cru.

donner ; jusqu'alors on avait applaudi à toutes ses entreprises, on lui élevait des arcs de-triomphe ; au retour de ses brillantes expéditions on lui prodiguait les louanges, on s'enivrait de la prospérité qu'on devait à son génie et à son courage. Je le demande à tous les hommes de bonne foi, si les grands desseins de l'Empereur n'avaient point été traversés par des trahisons, si les élémens ne s'étaient point déclarés contre lui, et s'il eût abaissé l'orgueil et la puissance de cet empire colossal qui menace l'indépendance de l'Europe, et peut, à son gré, l'inonder de ses légions barbares, je leur demande si alors ils n'eussent pas approuvé une entreprise commandée par la justice et la plus sage prévoyance.

Le libelle ose mettre au rang des crimes la condamnation juridique du duc d'Enghien. L'auteur ne prévoyait pas alors que les Bourbons se permettraient bientôt de déclarer rebelle et traître à la patrie celui qu'elle avait choisi librement pour son chef, et qui avait été reconnu par toutes les puissances de l'Europe ; il ne prévoyait pas, sans doute, qu'au mépris de toutes les lois et de toutes les institutions humaines, ils provoqueraient au régicide le peuple français. Eh ! quoi ; il aurait été défendu à Napoléon de faire exécuter les lois de l'Etat contre un prince émigré et armé contre la patrie, et il serait permis aux Bourbons de traiter comme un sujet rebelle notre souverain légitime ! O délire des passions ! ô aveuglement des hommes !

Et de quel droit les Bourbons auraient-ils pu traduire Napoléon par-devant un tribunal ? En cessant un instant, s'il est possible, de le considérer comme Empereur des Français, n'était-il pas le souverain de l'île d'Elbe ? n'avait-il pas le droit de faire la guerre à ses risques et périls ? Il venait attaquer Louis, c'était à Louis à se défendre, à le vaincre par la force des armes. Mais ce n'est point ainsi que raisonne l'esprit de parti. Si la plus noble, la plus généreuse entreprise n'eût point été couronnée du succès, Napoléon serait tombé sous la hache sacrilége, et les royalistes auraient proclamé ce crime atroce comme l'acte d'une justice aussi légitime qu'éclatante.

C'est aux inspirations d'un semblable fanatisme que nous devons toutes les déclamations contre la juste punition de conspirateurs qui, non contens d'avoir porté long-temps les armes contre la patrie, étaient revenus clandestinement dans son sein pour la déchirer et pour exécuter les plus affreux projets (1).

Tous les assassins dirigés contre Napoléon excitent l'intérêt et l'enthousiasme de M. de Chateaubriand ; il pleure sur leur sort, l'Empereur aurait dû les épargner, la justice nationale aurait dû les absoudre.

Nous ne fûmes que trop généreux, l'un de ces grands coupables fut sauvé. Le souvenir des services qu'il avait rendu à la patrie plaida en sa faveur, on excusa un fatal égarement, et cette fois la justice parut ne pas être inexorable. Le grand cœur du monarque y applaudit, le peuple s'en réjouit, et l'armée n'eut plus à craindre de voir périr sur l'échafaud celui qui s'était associé

---

(1) Conspiration de Pichegru, George, Moreau, etc.

à sa gloire. On s'imagina avoir sauvé un grand homme, c'était un traître.

Moreau resta tranquille dans sa retraite, et parut justifier l'intérêt que nous lui avions montré, tant que la fortune nous fut fidèle; mais dès l'instant où des revers nous accablèrent, et où la France, menacée d'une invasion étrangère, fut sur le point d'être en proie à tous les genres de désolations, nous apprîmes qu'il était dans les rangs de nos ennemis, à la tête de leurs conseils, et que lui-même fabriquait des plans de campagnes pour asservir sa patrie, cette patrie que l'honneur, le devoir et la reconnaissance devaient lui rendre si chère! L'Indignation et la haine nationale furent son premier châtiment, et il appartenait à l'armée, qui frémissait d'avoir été trompée dans son estime, de le faire disparaître du nombre des traîtres, et de l'envoyer joindre ses complices.

Tout est crime dans Napoléon : si des rebelles arborent les couleurs ou les décorations de nos ennemis, si des traîtres ont conspiré contre lui et l'État, ils ne méritaient point de périr; leurs condamnations, revêtues de toutes les formes légales, sont autant d'actes de despotisme. Mais les mêmes mesures sont-elles prises contre des citoyens paisibles qui ont innocemment fait entendre quelques réflexions contre les abus du gouvernement des Bourbons, ce sont des mesures de sagesse et de prudence qui n'empêchent pas de vanter la clémence et la générosité de ces derniers.

La guerre d'Espagne, qui incontestablement nous a été si à charge, eut un principe de générosité. La famille royale était divisée, le peuple était partagé en diverses factions, et gémissait sous l'empire intolérable du fanatisme; les idées libérales avaient germé au milieu des persécutions religieuses, la nation espagnole semblait aspirer à un nouvel ordre de choses; les relations et les intérêts des deux peuples, de même que des raisons de la plus haute politique, réclamaient un changement de dynastie. Il appartenait à l'Empereur, comme il était dans ses intentions, d'offrir aux princes d'Espagne des dédommagemens, et ceux-ci avaient remis, avec la plus grande confiance, leurs intérêts entre ses mains. Ils savaient, par l'expérience de plusieurs autres princes, que jamais cette confiance n'avait été trahie, et que même celui qui souvent avait pu renverser des trônes s'était plu à les consolider, et à user d'une magnanime indulgence envers ses ennemis vaincus. Au surplus, il en est de cet événement comme de quelques autres au-dessus de la portée des hommes étrangers aux affaires politiques, il ne m'appartient pas plus d'en développer les principes et de les justifier, qu'à M. de Chateaubriand de les discuter et de les condamner.

Presque toutes les imputations portées contre Napoléon sont tellement ridicules qu'elles tombent d'elles-mêmes, et ne méritent pas d'être réfutées sérieusement. Que répondre, en effet, à l'homme d'assez mauvaise foi pour avancer que Napoléon a cherché à détruire la religion ? lui qui a reconstruit les églises, relevé les autels et anéanti les divisions qui préparaient la ruine du christianisme. Que répondre à l'homme qui prétend que Napoléon paralisait l'instruction publique et le progrès des lumières ? lui qui a rétabli l'Université, qui a mis un partie de sa gloire à encourager les lettres et les arts. Que répondre à l'homme qui affirme que les manufactures et le commerce n'avaient jamais fixé les regards et l'attention de Napoléon ? lui qui a porté au plus haut degré de perfection l'industrie nationale, a créé des prix d'encouragement, a ouvert des débouchés à notre commerce, de sorte que pendant la guerre il était plus florissant qu'il ne l'a été, qu'il ne l'aurait été sous les Bourbons. Que répondre à l'homme qui ne pouvant nier que les gens de lettres aient chanté à l'envi les faits du héros, veut nous persuader que ces hommages étaient forcés ? comme si les temps héroïques n'appartenaient point aux Muses, comme si, au contraire, elles ne devenaient point silencieuses aux époques de décadence, et sous des princes avilis, sous des gouvernemens tels que celui qui nous opprimait.

Certes, si pour protéger la religion il fallait, au gré du fanatisme, rétablir les dîmes et l'inquisition ; si dans l'éducation de la jeunesse il fallait moins s'occuper de former des hommes éclairés et utiles à l'État, qu'à leur inspirer des idées de bigoterie et d'intolérance, qu'à étouffer en eux les germes de patriotisme; si pour protéger le commerce il suffisait de racheter des colonies dévastées, et qu'on n'est pas en état de secourir et de protéger; si pour faire fleurir les arts il n'y avait qu'à faire *gratter* (1) les emblêmes du gouvernement qui a précédé; si pour exciter l'émulation des gens de lettres il suffisait de salarier des *folliculaires*, certes les Bourbons l'emporteraient sur Napoléon; certes M. de Chateaubriand n'aurait pas encore assez exalté son admiration.

Napoléon a voulu que la religion reparût dans tout son éclat; il a voulu lui rendre toute sa force et la garantir de nouveaux désastres, en

___

(1) Ici l'expression est juste. Les travaux publics, depuis l'arrivée de Louis, consistent à avoir effacé les emblêmes du gouvernement impérial, et *gratté* les N qui devaient attester à la postérité que les arts avaient repris naissance sous le règne de Napoléon le Grand.

la dégageant des abus qui l'obscurcissaient et qui servaient de prétexte à ses détracteurs, en ôtant au chef de l'Église l'autorité temporelle qui ne fait point partie de la succession de Saint-Pierre, en brisant le sceptre du fanatisme qui asservit si long-temps, sous son joug honteux, les plus grands potentats, en garantissant les siècles à venir des foudres du Vatican, en affranchissant tous les princes de la chrétienté des peines de l'interdiction, et en apprenant aux peuples que le Pape ne peut, selon ses caprices, selon ses intérêts, les délier du serment de fidélité.

Le Pape, tous les ministres des autels, jouiront de notre vénération tant qu'ils se renfermeront dans leurs saintes attributions. Napoléon a reconnu l'un comme le chef de l'Église, il a rappelé les autres, il les a doté pour prêcher la morale évangélique ; il se plaira à les couvrir de son auguste protection, à répandre sur eux ses bienfaits, et il ne leur demande que de ne point se mêler de nos affaires politiques et privées, mais de remplir les devoirs de leur état en faisant germer les vrais principes de la religion dans le cœur de la jeunesse, et en ne s'écartant jamais de cette maxime de Jésus-Christ: « Rendez à Dieu ce qui est à Dieu, et à César ce qui est à César (1) ».

Cette conduite est une conduite impie, sacrilége! aux yeux de Chateaubriand; mais n'est-ce pas ce même M. de Chateaubriand qui nous affirme que Buonaparte n'est qu'un guerrier barbare et sans génie, étranger aux principes de civilisation, incapable de rien organiser, parcourant le monde dans le seul but de le ravager, et qui, pour la législation, est bien au-dessous du vainqueur de Darius !.....

---

(1) On ne sera pas étonné si je passe sous silence diverses calomnies du libelle; il en est qui portent le cachet d'une telle extravagance, que ce serait partager le ridicule de l'auteur en y répondant; il en est d'autres qui ne peuvent sortir que de l'imagination d'un furieux ou d'un fou. C'est ainsi, par exemple, que M. de Chateaubriand ose s'avilir et insulter à la crédulité de son lecteur en disant que Napoléon *a traîné par ses cheveux blancs le père des fidèles.*

Répondez, répondez pour moi, code immortel ouvrage de son vaste génie; code dont les nations étrangères, malgré leurs préjugés, ont admiré la profonde sagesse, et qu'elles se sont empressées d'adopter.

N'est-ce pas ce même M. de Chateaubriand qui accuse Buonaparte d'avoir été infidèle à ses alliés, de les avoir sacrifié à ses intérêts? lui qui a élevé leur puissance, agrandi leurs états, et qui en a été payé par l'ingratitude et la trahison; lui qui n'a cessé de faire les plus grands efforts, les plus grands sacrifices pour soutenir l'indépendance de la brave nation polonaise; lui qui, par un exemple de générosité inouï, permit au roi de Danemarck de se séparer de sa cause dans un moment de revers, pour ne point l'exposer à être victime de sa fidélité; lui qui affaiblissait son armée en laissant au roi de Saxe un corps considérable pour le protéger; lui qui respecta toujours la neutralité des Suisses, dont les alliés ont violé le territoire pour entrer en France.

N'est-ce pas ce même M. de Chateaubriand

qui accuse Buonaparte de perfidie? quand par une contradiction manifeste il fait un titre de gloire aux alliés de s'être joués de sa bonne foi, de l'avoir amusé par des promesses, par des propositions de paix, et d'avoir abusé de sa générosité.

N'est-ce pas ce même M. de Chateaubriand qui rejette sur Buonaparte le régime de la conscription? comme si ce mode de recrutement était de son invention, tandis qu'il fut créé avant que Napoléon n'eût entre ses mains les rênes du gouvernement.

N'est-ce pas ce même M. de Chateaubriand qui refuse à Buonaparte des sentimens généreux et un cœur sensible? lui qui ne savait pas résister aux larmes de l'infortune, et qui faisait céder ses intérêts et sa juste vengeance aux mouvemens de l'humanité (1).

---

(1) Je regrette de ne pouvoir citer une foule de traits d'humanité qui embelliraient les pages de l'histoire de Napoléon, et prouvent combien son ame était émue au milieu des malheurs de la guerre, et avec quels

Tout homme impartial qui lira le libelle avec attention en reconnaîtra la mauvaise foi, y découvrira les contradictions les plus choquantes,

---

soins, quelle sensibilité il cherchait à les adoucir. Cependant je ne puis résister au plaisir de rappeler une action bien justement célèbre, et qui seule vaut la plus brillante victoire : j'entends parler de sa clémence envers le prince de Hartzfeld.

Des lettres interceptées avaient donné la preuve de la trahison de ce prince, à qui l'Empereur avait confié le gouvernement civil de Berlin, et il allait être traduit à une commission militaire. La princesse de Hartzfeld vint se jeter aux pieds de Napoléon, et protesta de l'innocence de son mari. L'Empereur lui présenta la lettre interceptée, et lui dit : « Vous connaissez, » Madame, l'écriture de votre mari, je vous fais juge. » La princesse, enceinte de plus de huit mois, s'évanouissait à chaque mot qui lui montrait combien le prince était coupable. Buonaparte, attendri de la voir dans cette position, lui dit avec sensibilité : « Eh ! bien, » vous tenez la lettre, jetez-la au feu ; cette pièce » anéantie, je n'aurai plus de preuves pour faire con- » damner votre mari ».

et y puisera sa propre réfutation. La réputation militaire de Buonaparte y est contestée, mais Buonaparte est un *grand gagneur de batailles*; Buonaparte ne sait rien prévoir, n'a jamais de magasins, point de pharmacies, point d'ambulances, et l'on convient, dans une petite note, qu'*il a perfectionné ce qu'on appelle l'administration des armées et le matériel de la guerre*(1). Buonaparte est *très-coupable* de nous avoir laissé ignorer l'approche de l'ennemi; comme s'il avait dû augmenter notre découragement, comme s'il avait dû nous mettre dans le secret de ces manœuvres savantes qui auraient frappé de la destruction nos innombrables ennemis, si des traîtres n'avaient point opéré leur salut.

Que dirait donc M. de Chateaubriand si aujourd'hui il avait à parler des absurdités publiées par les Bourbons depuis le retour de Buonaparte, eux qui n'ont cessé d'annoncer sa perte? eux qui le disaient battu par le duc d'Orléans entre Lyon et Bourgoin, quand ce même duc

---

(1) Page 37 de la 2.ᵉ édition.

et le comte d'Artois n'avaient osé paraître sur le champ de bataille, et étaient déjà rentrés dans Paris ; eux qui calomniaient nos soldats en publiant qu'ils combattaient leur Empereur, quand ils étaient rangés sous ses étendards ; eux enfin qui se proclamaient vainqueurs et triomphans quelques heures avant qu'ils ne prissent la fuite, presqu'à l'instant où la capitale allait revoir, dans son sein, celui à qui elle doit tout son éclat. Je ne sais ce que dirait M. de Chateaubriand, je ne suis pas curieux de le savoir, et j'espère bien ne plus lire de ses pamphlets.

Un de nos artistes célèbres (1) a consacré sur la toile un des plus beaux traits de la vie de l'Empereur, celui de sa visite à l'hôpital des pestiférés de Jaffa. M. de Chateaubriand, qui ne pouvait le contester, a feint de ne point en saisir le sens. Loin de voir dans la conduite de Buonaparte l'admirable présence d'esprit d'un général qui sait de quelle importance il est pour le succès de ses opérations et le salut de l'armée, de dissiper

---

(1) M. Gérard.

l'inquiétude de ses soldats, et qui pour les rassurer contre le plus terrible fléau, touche de sa main les malades ; il prétend que Buonaparte a voulu leur persuader qu'il avait le don de guérir, et il fait jouer au grand homme le rôle d'un imposteur. A cette occasion son érudition ne manque point de nous rappeller qu'un des ancêtres de Louis avait le pouvoir d'opérer de pareils prodiges, et veut consacrer dans notre siècle cette croyance superstitieuse et ridicule ; mais il faut bien faire son métier. N'entre-t-il pas dans les obligations de M. de Chateaubriand de présenter la famille des Bourbons comme une race sainte, privilégiée, douée par Dieu de tous les pouvoirs, de toutes les vertus, du don même de faire des miracles, et au contraire de chercher à flétrir Napoléon, de le traiter de tyran, d'empoisonneur et d'impie ?

Calomnier, et toujours calomnier, est donc la seule et triste ressource de l'écrivain qui a le malheur de se vouer à une cause injuste, et d'attaquer ce qu'il y a de plus grand et de plus digne de notre vénération. Ah ! cessons de nous occuper de ce dégoûtant libelle ; il ne peut que ternir la réputation d'un auteur jusqu'alors si estimable et si justement célèbre. Aimons à nous entretenir du grand homme sans nous rappeler ses vils détracteurs, et quand il est rendu à nos vœux, passons en revue ses bienfaits, ce sera mieux sentir toute l'étendue de notre bonheur.

C'est lui qui mit un terme à une révolution terrible et nécessaire, mais qui, en se prolongeant, pouvait nous faire perdre le fruit de tous nos efforts, de tous nos sacrifices, nous plonger dans l'anarchie, et par la guerre civile nous faire tomber sous le joug des étrangers, qui se seraient partagés nos dépouilles, et auraient fait disparaître notre chère patrie du rang des nations; c'est lui que nous avons nommé notre chef quand l'expérience nous a démontré que le régime républicain ne pouvait convenir à l'étendue de notre territoire, parce que son génie, ses principes et ses services le rendaient digne de notre choix, parce que nous étions sûrs de jouir, sous son règne, de la liberté, de l'égalité, et de tous les avantages d'un gouvernement fondé sur ces deux bases sans lesquelles il n'existe point de contrat social, sans lesquelles on tombe dans un honteux esclavage. Napoléon ne fut point l'Empereur de *France*, mais celui des *Français*, et il régna d'après les constitutions de l'empire, et les plus fiers républicains l'ont reconnu.

Si depuis long-temps les ennemis de notre repos et de notre bonheur ont affecté de le traiter comme un usurpateur, et de révoquer en doute les droits que nous lui avions donnés, que diront-ils aujourd'hui que la Providence semble ne nous l'avoir enlevé momentanément que pour nous le rendre avec plus d'éclat, que pour mieux constater sa vocation, que pour mettre dans toute son évidence la volonté du peuple français qui a fondé une nouvelle dynastie, qui ne reconnaît que celle-là, et qui par un mouvement unanime et spontané salue son Empereur?

Quelle grande et nouvelle garantie nous avons de tous les droits recouvrés, de la stabilité et de la perfection de toutes nos institutions, dans le principe de la liberté de la presse que l'Empereur vient de consacrer! Celui qui ne veut régner que par la loi, celui qui ne veut être le chef d'un grand empire que pour veiller à sa sûreté et à sa prospérité, celui qui porte un œil de prévoyance et d'intérêt sur les générations futures ; celui enfin qui veut asseoir, sur des bases solides, l'édifice social, et empêcher que ses descendans ne puissent le renverser, ne peut vouloir enchaîner la pensée, et s'empresse de donner l'essor aux idées libérales. Nous jouissions déjà de ces précieux avantages depuis le règne de Napoléon, mais il existait encore des formes qui, sans être subversives de la liberté, pouvaient porter ombrage à l'écrivain, et peut-être entraver la marche du génie dont l'indépendance ne peut s'accommoder de la moindre contrainte. Ces formes ont disparu, la censure a été abolie.

Les travaux publics ne tarderont pas à accroître la magnificence de nos cités, la richesse de nos campagnes et la prospérité de notre commerce, et des milliers d'ouvriers y trouveront leur existence : les édifices et les monumens qui avaient été commencés ne resteront point imparfaits, ceux qui avaient été achevés ne seront plus destinés à tomber en ruines, et l'entretien des routes et des canaux excitera de nouveau la sollicitude du gouvernement.

Toutes ces espérances ne sont point vaines, nous en trouvons la garantie dans le passé. Un petit nombre d'années s'étaient écoulées, et nous avions vu, comme par enchantement, des palais et des temples sortir de leurs décombres, déployer leurs superbes façades, ou soutenir, avec orgueil, leurs dômes audacieux ; plusieurs autres, nouvellement commencés, devaient bientôt rivaliser de magnificence avec les premiers ; des rues élégantes, des quais spacieux, des places publiques, ornées des monumens ou des trophées de la gloire, contribuaient à embellir la capitale ; de nouveaux boulevarts achevaient sa double enceinte, et des ponts s'étaient courbés sur la Seine pour faciliter la communication entre les quartiers d'une même ville qui jusqu'alors étaient étrangers les uns aux autres ; le canal de l'Ourcq répandait ses eaux bienfaisantes, qui devaient alimenter un grand nombre de belles fontaines, et se promener dans les rues pour y entretenir la propreté pendant l'hiver, et une fraîcheur salutaire pendant l'été; les arcs de triomphes, les obélisques, offraient à nos regards des chefs-d'œuvre d'architecture, et à nos cœurs la douce satisfaction d'y trouver la récompense des braves.

La France entière, les pays étrangers même, ont vu s'exécuter des travaux admirables, que la postérité associera, pour la gloire, aux ouvrages des Romains, et que peut-être elle jugera leur être supérieurs pour l'utilité. Ici, ce sont des villes reconstruites ou nouvellement fondées; là, des ports et des bassins ont été creusés; ailleurs l'agriculture a été enrichie, et des provinces ont été assainies par des desséchemens; les Alpes ont cessé d'être inaccessibles, des routes taillées dans le roc en rendent le trajet facile aux voitures les plus pesantes; par-tout la navigation intérieure a été portée à un tel degré de perfection que nous pouvions braver l'ennemi qui avait voulu nous enlever la liberté des mers, tandis que des chantiers de construction, sans cesse en activité sur les côtes de l'Océan et de la Méditerrannée, promettaient de rendre un jour à notre marine son ancienne splendeur. Voilà, dis-je, les bienfaits d'un très-petit nombre d'années, et cependant je n'en ai fait qu'une esquisse bien imparfaite.

C'est ainsi que Napoléon nous a gouverné, c'est ainsi qu'il a gagné nos cœurs, et c'est pour préserver son ouvrage d'une entière destruction qu'il vient à nous.

Il ne nous a point apporté une *charte*, parce qu'il connaît nos droits et qu'il en est le protecteur ; mais dès son entrée en France, il a convoqué les députés du peuple au Champ-de-Mai, pour y préparer une constitution, et assister à la plus auguste des cérémonies. Nos regards enchantés pourront enfin y contempler les traits de notre Impératrice adorée, ceux de cet enfant si précieux dont les destinées s'unissent aux nôtres, qu'elle nous a conservé, et qu'elle rend à nos vœux et à notre amour. Le plus grand des guerriers déposera le bouclier de Mars, ce sera un père au milieu de ses enfans, auxquels il communiquera toutes ses affections, qu'il entretiendra des intérêts et de l'administration de la famille, et qui ne reprendrait ses armes terribles que pour la protéger et la défendre.

Français ! il approche ce jour mémorable où tous les doutes seront dissipés, s'il pouvait encore en exister ; où toutes les nuances d'opinion auront disparu, et où dans l'exercice de tous vos droits vous rendrez un témoignage éclatant de la sagesse et de la magnanimité du héros qui nous gouverne.

Et vous sur-tout, généreux Vendéens ! quel ne sera pas votre enthousiasme et votre joie, en revoyant celui qui a répandu sur vous plus particulièrement ses bienfaits, parce que vous aviez été les plus malheureux ! Vous pourrez lui dire, on ne voit plus chez nous les campagnes désertes et incultes ; des monceaux de ruines et de cendres ne nous rappellent plus nos désastres, et n'affligent plus l'œil du voyageur ; nos villages sont reconstruits, une cité opulente s'élève (1) et attestera à la postérité le règne de celui qui a tout réparé.

---

(1) Napoléonville.

Qu'ils étaient coupables ceux qui voulaient nous exciter à la guerre civile! Napoléon, à la tête de soixante mille hommes, immola tous ses intérêts pour nous l'éviter, et les Bourbons sans avoir un seul régiment, sans jouir ni de la confiance ni de l'amour du peuple, ont cherché à réveiller l'esprit de parti, à égarer l'opinion, et à réunir, sous l'étendard de la révolte, de malheureux pères de familles qu'ils auraient ajoutés aux nombreuses victimes qu'ils ont déjà sacrifié à leur cause. De si cruelles espérances n'ont point été réalisées. Un Prince a paru dans la Vendée (1), et les Vendéens sont restés sourds à ses instigations; il n'a vu autour de lui que quelques furieux, l'opprobre de la patrie qu'ils ont déchirée si long-temps, et l'invitation énergique d'un officier de gendarmerie a suffi pour faire disparaître du sol de la France ces agens de discorde. Peu de temps après un autre Prince (2) a fait, dans le Midi, un essai de la guerre civile; mais les bons

---

(1) Le duc de Bourbon.
(2) Le duc d'Angoulême.

citoyens se sont réunis contre lui, et il a été bientôt leur prisonnier. Ses coupables efforts n'ont eu d'autre résultat que de mettre dans un plus grand jour la générosité de Napoléon, qui a donné *la vie* et *la liberté* à un de ceux qui l'avaient menacé de l'échafaud.

Les Français sont trop éclairés aujourd'hui sur leurs véritables intérêts pour qu'il n'existe pas entr'eux un pacte indissoluble. Nous ne prendrons point les armes les uns contre les autres, parce que nous nous sommes entendus, parce que nous n'avons qu'une volonté, et s'il en est encore quelques-uns parmi nous qui ne veulent pas s'y réunir, et qui cherchent à faire naître des troubles et des révolutions, la loi saura les atteindre et les punir.

On a eu la lâcheté de nous menacer du retour des étrangers, nous n'aurons pas celle de les craindre. La nation Française a repris sa fierté et son indépendance : Napoléon oublie volontiers qu'il dicta des lois à nos ennemis, mais il ne souffrira pas qu'on vienne nous en imposer.

Respectée au dehors, tranquille dans son

intérieur, la France ne tardera pas à remonter au degré de prospérité où elle était, et bientôt elle sera plus florissante que jamais. Paris sur-tout, qui renferme dans son sein de si beaux monumens et des dépôts si précieux, éveillera la curiosité des étrangers ; les amateurs des arts viendront admirer et étudier dans ses Musées toutes les merveilles de l'univers qui y ont été rassemblées par les soins de Napoléon ; ils y viendront chaque année, parce que chaque année verra éclore de nouveaux prodiges. Paris, qui était redevenu la capitale du petit royaume des Bourbons, Paris sera de nouveau le point central de l'univers, non plus par la force des armes, mais par l'ascendant du génie.

VIVE L'EMPEREUR !

Guyon.

www.ingramcontent.com/pod-product-compliance
Lightning Source LLC
LaVergne TN
LVHW051503090426
835512LV00010B/2313